Líderes indígenas estadounidenses de hoy

Dona Herweck Rice

Asesoras de contenido

Cheryl Norman Lane, M.A.Ed.
Maestra
Distrito Escolar Unificado del Valle de Chino

Jennifer M. Lopez, M.S.Ed., NBCT
Coordinadora superior, Historia/Estudios sociales
Escuelas Públicas de Norfolk

Asesoras de iCivics

Emma Humphries, Ph.D.
Directora general de educación

Taylor Davis, M.T.
Directora de currículo y contenido

Natacha Scott, MAT
Directora de relaciones con los educadores

Créditos de publicación

Rachelle Cracchiolo, M.S.Ed., *Editora*
Emily R. Smith, M.A.Ed., *Vicepresidenta de desarrollo de contenido*
Véronique Bos, *Directora creativa*
Caroline Gasca, M.S.Ed., *Gerenta general de contenido*
Fabiola Sepulveda, *Diseñadora gráfica de la serie*

Créditos de imágenes: portada Chip Somodevilla/Getty Images; pág.4 Library of Congress [LC-USZC4-8937]; pág.5 Joe Sohm/Visions of America/Universal Images Group a través de Getty Images; págs.6–9 Felia Hanakata; pág.10 Carolyn DeMeritt; pág.11 Alex Holder/Alamy; pág.12 White House/SIPA/Newscom; pág.13 USDA Fotografía de Bob Nichols; pág.14 Marek Kasula/Alamy; pág.15 Library of Congress [LC-DIG-ppmsca-12913]; pág.16 Bettman/Getty Images; pág.17 Paul J. Richards/AFP a través de Getty Images; pág.18 Peter Rae/Fairfax Media a través de Getty Images; pág.19 Bryan Smith/Zuma Press/Newscom; pág.20 AP Photo; pág.21 Granger Academic; pág.22 AP Photo/Craig Ruttle; pág.23 Rodin Eckenroth / Colaborador Getty Images; pág.24 Jacob Kepler/Bloomberg a través de Getty Images; pág.25 (superior) Angel Wynn/Danita Delimont/Newscom; pág.25 (inferior) cortesía de The Mohegan Tribe; pág.26 (inferior) Angel Wynn/Danita Delimont/Newscom; pág.27 (superior) Brian Cahn/Zuma Press/Newscom; pág.29 Library of Congress [LC-DIG-highsm-12698]; todas las demás imágenes cortesía de iStock.

En la portada se muestra a Hartford "Sonny" Black Eagle, a Mary Black Eagle y al presidente Barack Obama.

5482 Argosy Avenue
Huntington Beach, CA 92649-1039
www.tcmpub.com
ISBN 978-1-0876-2276-7
© 2022 Teacher Created Materials, Inc.

Contenido

Líderes y legados

Los grandes líderes nos inspiran. Nos enseñan. Nos muestran el camino para que podamos crecer y progresar. Los mejores líderes usan las enseñanzas del pasado para guiarnos hacia un futuro más brillante.

Los líderes **indígenas** estadounidenses de hoy hacen todas estas cosas. Honran las tradiciones. Y ayudan a buscar maneras de hacer que las tradiciones crezcan y florezcan. Lideran y guían a las **naciones indias** para que logren los mejores resultados en la vida moderna. Se aseguran de que se honren los **legados** del pasado. Y se aseguran de que las naciones indias modernas sean tratadas con justicia y respeto.

líderes indígenas estadounidenses del pasado

En este libro, conocerás a algunos de los líderes indígenas estadounidenses de hoy. Aprenderás lo que hacen para que las naciones indias se mantengan fuertes. Observarás cómo inspiran, enseñan y ayudan a crecer a las naciones indias.

líderes indígenas estadounidenses de hoy vestidos con trajes tradicionales para un acontecimiento especial

Diferentes nombres

Una *tribu* es un grupo de personas que viven cerca unas de otras y que tienen una cultura en común. Un *clan* es un grupo que tiene los mismos antepasados. Puede haber muchos clanes dentro de una tribu. Es muy probable que el término *tribu* haya sido introducido por los colonos europeos. Algunos grupos de indígenas estadounidenses prefieren el término *nación* en lugar de *tribu*.

Salta a la ficción

—¿Tengo que ir? —Will levantó la vista de la consola de juegos, molesto.

—No, Will. Tienes la oportunidad de ir.

El papá estaba parado frente a Will, y tenía en la mano unas prendas con flecos, adornadas con cuentas. La hermana de Will, Lily, estaba de pie junto a su papá, con largas trenzas. Tenía puesto el vestido colorido cubierto con cascabeles que le había hecho su abuela. Y allí estaba la abuela, parada en la puerta de la cocina, sosteniendo un plato de pan frito recién hecho. Parecía decepcionada con la reacción de Will.

—Está bien, está bien, papá. Ya voy —dijo Will, un poco avergonzado.

Cuando era más pequeño, Will pensaba que esas salidas tribales eran divertidas, pero todas esas tradiciones podían ser agotadoras para un chico de su edad. ¿Por qué siempre tenía que asistir?

La familia llegó un poco tarde al campo, y Will oyó el ritmo vibrante de los tambores desde la carretera. No pudo evitar sonreír. La abuela le guiñó un ojo y le dio un pedazo de pan frito mientras bajaba del carro. Lily salió corriendo para unirse a su grupo de baile y el papá puso una mano en el hombro de Will.

A la distancia, se veían los bailarines tribales moviéndose al ritmo de los tambores. Los cantantes combinaban sus voces con el ritmo y cantaban cada vez más rápido, para acompañar la energía creciente de los bailarines. Will sentía el repicar de los tambores como si fueran los latidos de su corazón. Mientras caminaban hacia el *powwow*, Will recordó.

—Nosotros somos esto —dijo en voz baja.

El papá lo tomó un poco más fuerte del hombro y dijo en voz alta:

—Sí, así es, Will. Siempre.

Y caminaron juntos hacia el campo. Estaban en casa.

Vuelve al texto de no ficción

Eddie Tullis: líder

Cuando Eddie Tullis era joven, tenía que recorrer 16 millas (26 kilómetros) en autobús para llegar a la escuela. La mayor parte del día la pasaba yendo a la escuela, aprendiendo y volviendo a casa. Cuando creció, Tullis quiso asegurarse de que todos tuvieran acceso a buenas escuelas en su localidad. La educación es importante para Tullis. Una de las cosas de las que se siente más orgulloso es de la importancia que le dan a la escuela los poarch creeks. Tullis sabe que la educación de una persona puede cambiar la vida de muchas otras. Trabaja con otros líderes para que los niños poarch creeks reciban una buena educación.

A lo largo de los años, Tullis también tuvo muchos roles importantes. Prestó sus servicios en los niveles local y nacional. Integró distintos consejos y comités. Fue **mentor** y líder en su región. También fue mentor y líder en todo el país.

Los poarch creeks

Los poarch creeks viven en el sur de Alabama. Son la única tribu del estado que cuenta con **reconocimiento federal**.

Tullis ha sido miembro del consejo tribal de los poarch creeks durante años. Lideró el consejo muchos de esos años. Tullis es una de las razones principales por las que la Banda Poarch de los indígenas creeks está reconocida por el gobierno de EE. UU. Eso ocurrió hace menos de 40 años. Por supuesto, la tribu existe desde hace mucho más tiempo. Tuvieron que luchar mucho y durante largo tiempo para que los reconocieran.

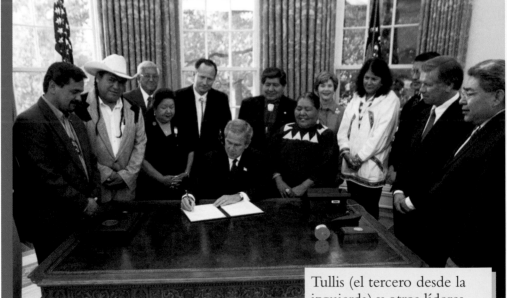

Tullis (el tercero desde la izquierda) y otros líderes indígenas en la Casa Blanca

Tullis es una de las claves del éxito de su tribu. Ayuda a generar cambios pequeños y grandes. Trabaja con otros líderes para lograr que los cambios se hagan realidad. También se asegura de que las personas cumplan las leyes.

Además, Tullis registra la historia de los poarch creeks. De esa manera, se asegura de que las historias de su pueblo sigan vivas.

Ella hace su parte

Al igual que Tullis, Jayne Fawcett trabaja para **preservar** la cultura indígena. Fawcett está agradecida por su pasado, que despertó su interés en el tema. Su familia dirige el museo más antiguo del país cuyos dueños son indígenas.

Wilma Mankiller: jefa

Wilma Mankiller hizo historia. Fue la primera mujer moderna en ser **jefa principal** de una tribu importante. Esa tribu es la nación cheroqui.

Mankiller luchó por la justicia toda su vida. Primero trabajó como **organizadora comunitaria**. Ayudó a las personas a hacer oír su voz. Luchó por la igualdad. Estudió los derechos obtenidos en los **tratados**. También ayudó a la nación cheroqui a buscar maneras de sostenerse económicamente.

Estas figuras de cera honran a jefes históricos de la nación cheroqui.

Un día, Mankiller tuvo un accidente muy grave. Casi muere. Le llevó mucho tiempo recuperarse. Pero el hecho de luchar por su propia vida hizo que tuviera aún más pasión. Y tuvo aún más deseos de ayudar a su pueblo a sobrevivir y progresar.

El significado de Mankiller

Mankiller decía que su apellido tiene un significado especial. Literalmente, en inglés significa "matahombres". Ese apellido se les daba a los que cuidaban sus aldeas. Ellos eran guerreros.

Mankiller decía que los cheroquis se apoyan unos a otros. Mirando el ejemplo de los demás, aprendió mucho sobre cómo las personas pueden trabajar juntas por el bien de todos. Mankiller conservó y puso en práctica esas lecciones durante toda su vida.

Con el tiempo, Mankiller se interesó en preservar las comunidades antiguas como la suya. Escribió un ensayo sobre el tema. El ensayo llamó la atención del jefe principal cheroqui de ese momento, Ross Swimmer. A Swimmer le gustó lo que Mankiller tenía para decir. En 1983, le pidió que fuera su **adjunta**. Cuando Swimmer dejó el cargo, Mankiller pasó a ser la jefa principal. A algunos cheroquis no les gustó eso. Pensaban que una mujer no podía hacer ese trabajo. Pero ella les demostró que estaban equivocados. De hecho, Mankiller hizo un trabajo brillante. Fue elegida dos veces más cuando se presentó por su cuenta. El trabajo que hizo para la nación cheroqui sirve de modelo para los demás.

Como líder tribal, Mankiller se reúne con el presidente Ronald Reagan (sentado a su derecha). Un líder tribal es un funcionario elegido.

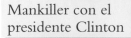
Mankiller con el presidente Clinton

La medalla de Mankiller

La Medalla Presidencial de la Libertad es un gran honor. Se entrega a quienes han hecho una contribución importante al mundo. El presidente Bill Clinton le otorgó esa medalla a Mankiller por su excelente trabajo.

Oren Lyons: fuerza de cambio

Oren Lyons es un guardián de la fe. Su trabajo es mantener la calma. Lyons mantiene la paz aun cuando su pueblo está en problemas. Pertenece al clan tortuga de la nación onondaga, una de las seis naciones de la Confederación Iroquesa. Lyons es un líder para su pueblo. Pero trabaja con indígenas de todo el mundo. Su impacto es enorme.

De joven, Lyons fue un deportista estrella. Jugaba al *lacrosse*. Lyons dice que ese deporte es parte de la esencia de las seis naciones. Jugar al *lacrosse* es una práctica **ceremonial** para su pueblo.

Después de la universidad, Lyons se hizo artista. Tuvo una gran carrera en Nueva York. Las personas celebraban su arte. Pero miembros de su clan le pidieron que volviera. Necesitaban que trabajara por el bien de la nación onondaga.

Lyons y una madre del clan onondaga

Amor por el lacrosse

Lyons fue parte de un equipo especial de *lacrosse*. El equipo está formado por jugadores iroqueses de todo el mundo. Compiten en el Campeonato Mundial de *Lacrosse* todos los años.

Lyons (centro) con el equipo de *lacrosse* de las naciones iroquesas en 2010

Lyons vio la necesidad de proteger los derechos de su pueblo. Convenció a grupos pacifistas para que hablaran en eventos sobre los derechos de los indígenas estadounidenses. Esos derechos habían sido ignorados con frecuencia. Pero cada vez más personas comenzaron a hacer oír su voz. Querían un cambio. Lyons los condujo. Incluso fue con otros líderes a hablar en las **Naciones Unidas**. Logró que escucharan lo que él tenía para decir.

Lyons habla sobre los derechos en 1974.

Alrededor de 1570, líderes iroqueses se reúnen para decidir sus leyes.

Lyons se dio cuenta de que pocos líderes estadounidenses conocían la historia iroquesa. La mayoría de los líderes no conocían el rol que había tenido el pueblo iroqués en la creación de la Constitución de Estados Unidos. Muchas partes de la Constitución se basaron en prácticas iroquesas. Lyons habló con esos líderes. Finalmente, los líderes estuvieron de acuerdo con Lyons. El Congreso hizo un anuncio oficial. El anuncio decía que el pueblo iroqués había tenido un rol clave en la formación de Estados Unidos. Ahora, nadie lo olvidaría.

Lyons también se preocupa por el medioambiente. Trabaja mucho para protegerlo. Colabora estrechamente con líderes suecos. Unen sus fuerzas para cuidar la Tierra.

Lyons también trabaja con líderes de muchas otras religiones. Piensa que esos líderes pueden trabajar juntos para sanar y proteger al mundo. Cree que el primer paso es enseñar a otros a "agradecer lo que tienen y disfrutar la vida".

Lyons habla con gente de todo el mundo sobre temas que para él son importantes. Les dice que cuiden a sus familias. Les dice que todos debemos cuidar el medioambiente. También defiende los derechos humanos. Cuando habla, suele incluir este mensaje: "No se puede **negociar** con un escarabajo". Lyons cree que las leyes de la naturaleza no se pueden cambiar. Somos las personas las que debemos cambiar.

Lyons (centro) marcha en una protesta en 2014.

Piensa y habla

Si hablaras con las personas como lo hace Lyons, ¿qué problemas te gustaría tratar?

Gay Kingman: maestra

Gay Kingman nació en una familia que tenía fuertes lazos con su pasado. La historia era importante para ellos. Para Kingman también. Kingman forma parte de la tribu siux del río Cheyenne. Esta tribu es parte de la nación lakota.

Cuando era joven, Kingman era maestra. Enseñar es su pasión. Trabajó en distintas escuelas durante 25 años. Kingman ayuda a todos los estudiantes a tener éxito.

Después de enseñar durante años, el "salón de clases" de Kingman se agrandó. Le pidieron que asumiera un nuevo rol. Se unió al Departamento de Educación. Allí, centró su atención en la igualdad de derechos para los estudiantes indígenas.

Kingman habla frente a líderes tribales en 2009.

niños lakotas con sus patinetas en una reserva

Luego, Kingman pasó a ser la directora de la Asociación Nacional de Educación Indígena. Desde allí luchó para mejorar las escuelas de los niños indígenas. Habló ante el Congreso para lograr su apoyo. ¡Les enseñó a esos líderes lo que había que hacer!

Jefa Malerba

En 2010, Marilynn Malerba se convirtió en la primera mujer jefa de la tribu mohegan en la época moderna. Esa tribu vive en el Noreste. La madre de Malerba también tiene un rol importante en la tribu. Es una *nonner* tribal. Eso quiere decir "una anciana respetable".

A través del tiempo, Kingman trabajó con muchos líderes. Juntos mejoraron la vida de todos los miembros tribales. Por ejemplo, algunas tribus tenían dificultades para ganarse la vida. Los complejos turísticos y las **casas de juego** han cambiado las cosas. Gracias a eso, los miembros de las tribus consiguen empleo. Las tribus también ganan dinero. De esa manera, pueden mantenerse comunidades enteras. Kingman y otras personas querían asegurarse de que el dinero obtenido a través de los complejos turísticos y las casas de juego permaneciera en las **reservas**. Defendieron los derechos de los indígenas.

La nación Lakota dirige esta casa de juego.

Estas miembros tribales modernas se reúnen en eventos anuales para los cuales visten trajes tradicionales.

Kingman trabajó en la Asociación Nacional Indígena de Juegos de Apuestas. Ese grupo se encarga de las casas de juego. Kingman integraba el equipo de relaciones públicas (RR. PP.). Alguien que trabaja en RR. PP. es un puente entre una empresa o un grupo y el público. Kingman usó las RR. PP. para que los juegos de apuesta ayudaran a las tribus. Ganó importantes premios por su trabajo en RR. PP.

Presidenta tribal

Kingman ahora es la directora de la Asociación de Jefes Tribales de las Grandes Llanuras. La meta del grupo es ayudar a las tribus a trabajar juntas. El trabajo de Kingman es clave para lograr esa meta.

Líderes del mañana

Los líderes tribales de hoy han aprendido del pasado. Ahora trabajan para el futuro. Se apoyan en las personas que estuvieron antes que ellos. Los líderes del mañana continuarán el trabajo que se hace hoy y descubrirán su propio trabajo.

Cada nuevo líder continúa con la tarea de aquellos que pasaron antes. Transmitir esa sabiduría es una parte importante de las tradiciones tribales. Siempre fue importante. Y seguirá siendo así a medida que los nuevos líderes avancen hacia el futuro. Mientras lo hagan, el mañana será brillante.

un *powwow* moderno en Virginia

El Museo Nacional de los Indios Americanos honra el pasado y el presente de los líderes indígenas estadounidenses.

Piensa y habla

¿Cómo se relaciona la foto de la página 28 con el texto de ficción de las páginas 6 a 9?

Glosario

adjunta: una asistente del líder de un grupo

casas de juego: lugares en los que se realizan juegos de apuestas

ceremonial: relacionado con las ceremonias y los rituales

indígenas: grupos de personas que ya vivían en un área cuando llegaron otras personas

jefa principal: título que se le da a la líder de determinadas naciones y tribus indígenas

legados: cosas del pasado que se han preservado para el presente

mentor: un consejero

Naciones Unidas: un grupo que trabaja para aumentar la cooperación entre los gobiernos de diferentes países

naciones indias: grupos de tribus que comparten la historia, las tradiciones y el idioma

negociar: hablar sobre un tema para llegar a un acuerdo

organizadora comunitaria: alguien que alienta a otras personas a trabajar por el bien de su comunidad

preservar: mantener algo en buenas condiciones para las generaciones futuras

reconocimiento federal: la aceptación por parte del gobierno de Estados Unidos de que una tribu tenga su propio gobierno

reservas: terrenos en Estados Unidos que se conservan como lugares separados para que vivan los indígenas

tratados: acuerdos entre dos o más grupos o países

Índice

Civismo en acción

Las personas pueden trabajar con los líderes del gobierno para lograr cambios. Si alguien tiene una idea de cómo mejorar las cosas, esa persona puede asumir el rol de líder. Y puede trabajar con otros para llevar su plan a la práctica. Esa experiencia desarrollará y mejorará sus cualidades de líder. ¡Esas cualidades también pueden influir en los demás!

1. Piensa en tus cualidades.

2. Piensa por qué esas cualidades te permitirían ser un buen líder.

3. Escribe un currículum o completa una solicitud de empleo como si quisieras trabajar con líderes del gobierno. Explica qué quieres hacer y por qué quieres hacerlo. Describe qué cualidades tuyas serán útiles para ese trabajo.